AF268257

HISTOIRE
DE MON VILLAGE

NOTICE HISTORIQUE

SUR

LE BOURG ET LE CHATEAU DE VEUIL

AVANT 1792

PAR F.-H DE LA TOUR DU BREUIL

CHATEAUROUX
TYPOGRAPHIE, LITHOGRAPHIE A. NURÉT
72, RUE GRANDE 72

1871

HISTOIRE DE MON VILLAGE

AVANT-PROPOS.

Les provinces, les villes et les communes ont, comme les familles, leurs traditions et leurs souvenirs, et on trouve souvent dans leurs annales des documents pleins d'intérêt.

Combien de renseignements précieux restent enfouis dans les archives des campagnes, faute d'avoir été recherchés et mis au jour.

Les fastes ou souvenirs historiques de la commune de *Veuil*, maintenant si modeste, m'ont paru dignes d'être recueillis : j'ai pensé que les hommes de notre âge verraient avec intérêt, retracer à leurs yeux ce qu'ont été leurs ancêtres, et les vicissitudes du beau château qui ornait leur contrée ; c'est dans ce but que j'ai essayé les descriptions qui font l'objet de cette notice, heureux si j'ai pu rappeler des souvenirs intéressants et faire quelque chose d'utile au pays.

NOTICE

SUR LE BOURG ET LE CHATEAU DE VEUIL

AVANT 1792

Dans une gorge profonde, à 1,200 mètres environ à l'ouest de la rivière de Nahon et à six kilomètres au sud de la ville de Valençay, une belle fontaine arrose un petit vallon secondaire, le vivifie et l'embellit, par l'abondance et la limpidité de ses eaux.

Autour de ce bassin d'eau vive, premier besoin d'une population agglomérée, se sont groupés dans un temps immémorial les maisons qui composent le bourg de Veuil.

On trouve dans *l'histoire du Berry*, par M. de Raynal, une indication qui atteste non-seulement l'antiquité mais qui attribuerait une importance presque fabuleuse à cette localité maintenant si modeste (*). Une église dont quelques vestiges d'architecture romaine attestent l'antiquité fut construite pour satisfaire aux inspirations de la foi et aux intérêts religieux.

Enfin, les possesseurs du sol au temps de la féodalité,

(*) M. de Raynal, dans son histoire du Berry, décrivant les divisions territoriales des époques Mérovingiennes et Carlovingiennes, s'exprime ainsi : « le pagus ou comté de Bourges était divisé en vicairies ou vigue-
» ries. Ces vigueries elles mêmes paraissent se subdiviser en centaines; à
» chacun de ces districts présidait un officier du comte qui leur donnait
» ou en empruntait son nom, vicaire, véer, viguer, et plus tard, par usur-
» pation, le titre de vicomte. Il cite au nombre des vigueries désignées
» dans les anciennes chartres, la *vicaria Bulbiensis* ou *Bolbiensis*, qui est
» traduit par le nom de *Veuil.* »

déterminés sans doute par la situation pittoresque du lieu, construisirent sur le point le plus élevé un château, siége de la seigneurie.

Celui dont nous voyons encore les restes, œuvre gracieuse du XVIme siècle, n'est certainement pas le premier, mais les vestiges d'un manoir plus ancien se font à peine reconnaître.

Le château actuel a été bâti dans la seconde moitié du XVIme siècle par la famille Hurault, ainsi que l'indique les faces de soleil multipliées dans les ornements d'architecture; car cet ornement est une pièce des armoiries de cette famille (*).

La famille Hurault avait acquis la terre de Veuil de Louis de Marafin, seigneur de Notz, vers l'an 1500, par acte passé en faveur de Jacques Hurault, et la posséda entière pendant près d'un siècle; et c'est durant cette période que fut bâti le beau château dont les restes existent encore.

En 1591, le mariage d'Élisabeth Hurault avec Pierre de Voyer, seigneur d'Argenson amena le partage de la terre et seigneurie de Veuil avec la même résidence pour les deux familles, jusqu'après l'année 1702, ce qui est prouvé par des actes passés au nom desdits seigneurs de Voyer d'Argenson et Hurault du Marais, et par les registres de la paroisse qui, sous la date de 1702, contiennent l'acte de baptême d'un fils de M. Simon Jude Jaulin, procureur fiscal de M. le comte d'Argenson, et dont le parrain est M. Jacques Forré, procureur fiscal de M. le comte du Marais (Hurault): les deux seigneurs avaient donc chacun leurs agents.

(*) Les armes de la maison Hurault sont d'or à la croix d'azur cantonnée de quatre ombres de soleil de gueule.

Les mêmes registres nous font connaître qu'il y avait à Veuil, un bailly, juge ordinaire de la seigneurie, un notaire, un procureur en la justice de Veuil, un greffier et un sergent.

Il semble constant par l'examen du style architectural de l'église, que le chœur et les deux chapelles latérales ont été construits à la même époque que le château et par la pieuse générosité des seigneurs. Cette opinion se trouve confirmée par des signes existant encore sur le carrelage en briques vernissées de la chapelle du côté de l'évangile On y voit des faces de soleil émaillées en blanc semblables à celles qui existent dans les ornements d'architecture du château et attribuent certainement cette construction à la famille Hurault. Du reste, la hardiesse et l'harmonie des voûtes ogivales, l'élégance des nervures, la belle disposition des grandes fenêtres en ogive ornées de vitraux peints témoignent de l'habileté des architectes employés par les seigneurs de Veuil.

Rien ne nous indique d'une manière certaine l'époque où les Voyer d'Argenson devinrent seuls propriétaires et seigneurs de Veuil, ni en vertu de quelle mutation; mais nous trouvons dans les archives communales des lettres patentes du roi Louis XV, en date du mois de janvier 1726, enregistrées au Parlement de Paris, le 26 juin, même année qui instituent la terre de Veuil en comté, sous le nom de *Veuil-Argenson*, en faveur de messire Marc de Voyer de Paulmy, chevalier-comte d'Argenson, conseiller d'État et chancelier du duc d'Orléans. Il n'est plus question de M. Hurault comte du Marais; au nom de Veuil est joint celui d'Argenson, ce qui prouve bien, que cette famille en était seule propriétaire.

L'original de ces lettres patentes a sans doute été

détruit pendant la tourmente révolutionnaire, et sa con-
servation offre cela de particulier qu'il a été transcrit
sur les registres de la municipalité, le 22 octobre 1793,
entre un arrêté municipal portant réquisition de grains
et le décret de la Convention qui établit l'uniformité
et le système décimal des poids et mesures : il est écrit
par le sieur Jaullain, notaire à Veuil et secrétaire de la
municipalité. — Cet acte est très long, nous en extrayons
les principales dispositions.

Par ces lettres patentes données à Marly au mois de
janvier 1726, signées : Louis et plus bas : PHELIPPEAUX et
scellées en lacs de soie du grand sceau de cire verte,
obtenues par messire Marc Pierre de Voyer, de Paulmy,
chevalier-comte d'Argenson, conseiller d'État et chancelier du duc d'Orléans, le Roi déclarait réunir et incor-
porer les terres, chatellenies et seigneuries de Veuil, de
haute, moyenne et basse justice, la terre, seigneurie, cha-
tellenie de Villentroys et dépendances, la terre, chatelle-
nie et justice de 'Lye et dépendances, les droits de greffe
notarial, cens et rentes, fiefs et arrières-fiefs et tous droits
utiles et honorifiques, pour composer une seule terre, laquelle était érigée, créée et instituée à perpétuité à titre
de comté, sous le nom de *Veuil-Argenson* avec tous les
droits, rangs, honneurs, prééminences et prérogatives
appartenant à ladite dignité de comte en faveur de l'impétrant, ses hoirs ou ayant cause.

Les mêmes lettres patentes donnent pouvoir d'établir
un bailly dudit comté un lieutenant et autres officiers
nécessaires pour l'administration de la justice des pa-
roisses, châteaux et fiefs réunis.

Elles instituent un marché qui se tiendra à Veuil
tous les lundis de chaque semaine, et quatre foires par
chacun an : la première le 7 janvier, lendemain des rois;

la seconde, le samedi d'après la mi-carême ; la troisième, le premier juin ; la quatrième, le trois novembre, jour de Saint-Marcel, outre l'ancienne foire ordinaire qui se tient dans la dite paroisse le jour de la Saint-Fiacre.

L'arrêt d'enregistrement porte enfin que les lettres patentes portant érection *du comté de Veuil-Argenson* seront exécutées selon leur forme et teneur, à la charge que pour ledit titre et dignité de comte, ledit impétrant, ses hoirs successeurs, tant mâles que femelles et ayants cause, sires et propriétaires dudit comté ne pourront rendre hommage qu'au seigneur Roi sans préjudice néanmoins des droits et devoirs de la mouvence desdites terres, fiefs et seigneuries par rapport aux sieurs dont elles ont bien duement relevé jusqu'à présent.

Les quatre foires annuelles, et le marché de chaque lundi, dont il est fait mention dans les lettres patentes, et l'arrêt du Parlement qu'on vient de citer, ont existé jusqu'au moment où les juridictions seigneuriales furent abolies en 1791.

Les seigneurs de Veuil avaient construit sur la place, vis-à-vis l'église, une petite halle et un auditoire ou siégeait la justice.

J'ai ouï dire aux anciens que les marchés étaient fort peu importants, mais les foires étaient aussi fréquentées que toutes celles des environs.

L'état de la population du bourg de Veuil à l'époque de l'érection de cette terre en comté, et pendant les années qui suivirent, sous l'autorité et le patronnage des seigneurs, était bien différent de ce que nous le voyons aujourd'hui. Un bailly, un notaire, un chirurgien, un curé ou prieur, les officiers de justice, les régisseurs ou intendants de la seigneurerie formaient la bourgeoisie ; le reste des habitants était occupé à la fabrication des étoffes de laine, telles que droguet, tiretaines et drap commun dont s'habillaient les gens de la campagne. Il y avait plusieurs maîtres drapiers pour qui les autres habitants du bourg et des environs cardaient et filaient la laine; et toute la population, trouvait dans ce travail une aisance dont le souvenir s'est conservé. Il y avait encore de 1800 à 1805 trois maîtres drapiers dont les familles existent dans le pays (*).

Peu de paysans alors étaient propriétaires, presque toutes les terres étant concentrées dans les mains des seigneurs; mais lorsque les grandes fabriques eurent fait supprimer les métiers de village, et que la division des propriétés permit d'acquérir des terres, les drapiers et leurs ouvriers devinrent vignerons et cultivateurs comme il le sont aujourd'hui.

J'ai essayé de faire connaître, autant que des renseignements très incomplets ont pu me le permettre, l'état des hommes et des choses *à l'euil* dans les temps qui ont précédé notre époque.

L'existence sociale était-elle plus prospère, et l'aisance était-elle plus répandue autour de ce petit noyau de société vivant et travaillant, sous la tutelle et la dépendance des seigneurs du lieu? C'est ce que rien ne peut faire décider avec certitude; tout porte à croire cependant que dans les temps où les comtes Hurault du Marais, et de Voyer d'Argenson habitaient le château, le bourg et ses environs ressentirent une heureuse influence de la présence de ces riches propriétaires.

Les souvenirs de cet ancien état de choses sont presque effacés et ne laissent point de regrets.

Si la génération présente voit avec regret tomber en

ruines le beau château qui faisait l'orgueil de la contrée, et signalait *Veuil* à la curiosité des voyageurs, elle ne reste pas inactive en présence des progrès qui caractérisent notre époque. Les bruyères qui couvraient une grande étendue de pays ont été défrichées, les terres incultes mises en valeur, on a planté des vignobles, et les progrès de l'agriculture n'ont pas laissé le territoire de Veuil au-dessous des contrées voisines.

Par les soins de son administration municipale, le bourg a vu dans ces derniers temps établir une école publique, construire une mairie et restaurer sa belle fontaine; percer des routes, construire des ponts sur la rivière voisine, afin de rendre les abords et les communications plus faciles. Les habitants paisibles et laborieux se livrent avec succès aux travaux de l'agriculture et, comme partout, l'aisance et le bien-être viennent récompenser leur zèle et leurs efforts.

Description du château de Veuil.

Le château, dont les restes mutilés auront peut-être, disparu avant la fin de ce siècle, fut bâti comme il a été dit précédemment par la famille Hurault dont une branche portait le titre de comte du Marais; il avait la forme d'un parallélogramme, flanqué de quatre tours rondes, et accompagné de vastes bâtiments de service, les uns au levant, les autres au couchant.

Il se composait de trois corps de logis et d'une chapelle et était entouré de fossés en douves sèches. L'entrée principale est au couchant par un pavillon-donjon portant pont-levis et poterne, et flanqué de deux galeries terminées par des tours rondes à toits élancés. Au midi, le corps de logis principal dominait la vallée et le bourg de *Veuil*; il avait à sa base des jardins et parterres, et contenait cuisines et caves en sous-sol, salons divers au rez-de-chaussée, et chambres à coucher au premier étage; le corps de bâtiment était terminé à l'est par une tour ronde semblable aux deux autres.

Du côté du nord, une galerie au premier étage, se reliant à celle de la façade du donjon, conduisait à une chapelle située au levant, et à une tour ronde à l'angle nord-est, complétant ainsi la symétrie de ce château remarquable. Au rez-de-chaussée de la cour intérieure, régnait sur les façades du couchant et du nord, une galerie voûtée, ouverte en arcades en plein-cintre, qui reliait entre eux les trois corps de logis du château. Toute la construction était en forte maçonnerie revêtue à l'extérieur de pierres de taille du pays (Luçay ou Villentroys); de vastes caves voûtées régnaient sous les principaux bâtiments, et l'on voit encore dans la tour du sud-ouest, deux étages de caveaux superposés. Cette tour est en grosse maçonnerie, principalement composée de cailloux, sans revêtissement de pierres de taille; elle doit être plus ancienne que le reste du château.

Des machicoulis saillant au-dessous de la toiture des quatre tours, leur formaient une élégante couronne, la coupe en était plutôt gracieuse que sévère et dans de bonnes et justes proportions. L'architecture de la cour intérieure était surtout remarquable par la recherche des ornements. Nous avons parlé des galeries de la cour d'honneur. Les voûtes de ces galeries, les piliers des arcades, les nervures, les clés et les tombées des voûtes étaient ornés des arabesques les plus délicats et des feuillages les mieux sculptés; on voyait aux intersections des cintres, des figures en ronde bosse d'une belle exécution, et l'on trouvait fréquemment dans les ornements sculptés, les faces de soleil de la famille Hurault. L'entablement était richement orné de coquilles alternant avec des pendantifs terminés par une touffe de feuillage; enfin les archivoltes des portes extérieures étaient sculptées avec beaucoup de recherche, et toute cette ornementation faisait du château de Veuil, un modèle d'élégance et de goût.

Tel était cet antique manoir lorsque le vandalisme révolutionnaire de 1792 lui porta le coup le plus funeste. Après avoir effacé les armoiries placées au-dessus de la porte du donjon, les démolisseurs, aussi ignorants que fanatiques, mutilèrent et effacèrent à coups de marteau, tous les ornements des arcades, des voûtes et des portes, de manière à en rendre la restauration impossible.

En 1806 et en 1807, les intendants de M. le prince de Talleyrand, commencèrent la démolition par le corps du logis principal, ils rasèrent aussi la chapelle et deux tours, en découvrirent une troisième qui depuis 60 ans offre l'aspect d'une ruine; les autres bâtiments furent conservés pour loger un garde ou un fermier, mais les ravages du temps et ceux causés par l'abandon auront bientôt consommé la ruine de ce qui reste.

Un bois situé au levant du château et percé d'allées symétriques disposées et correspondant à des centres communs en forme d'étoiles, formait un parc ou promenoir. Ce bois appelé la garenne de Veuil, maintenant séparé par le chemin vicinal de Valençay, était attenant aux pelouses extérieures du château, et de belles allées d'ormes indiquaient à tout venant, un manoir seigneurial. Ces allées ont disparu : on ne trouve plus autour du château que des champs cultivés, dans lesquels il ne reste aucune trace de leur emplacement.

Les *Esquisses pittoresques de l'Indre* n'ont consacré que quelques lignes au château de *Veuil*; mais on y trouve de bons dessins représentant la façade principale, la cour d'honneur et des détails de son architecture, qui sont une représentation fidèle de l'état actuel du monument, et qui en conserveront le souvenir à la postérité.

NOMS

Des possesseurs de la Terre de Veuil depuis les temps les plus anciens.

La seigneurie de Veuil, nommée anciennement Woill, Vuel, de Woill, avait donné son nom à une ancienne famille à laquelle appartenaient Grossin et Hugues, frères vivant en 1180.

Puis elle était entrée dans la famille de Villentroys,

et l'on voit Geoffroy de Villentroys, fils puîné de Foulques, cinquième du nom, seigneur de Villentroys, qualifié seigneur de Veuil en 1255 ou 1277.

En 1348, Jean Leron, chevalier, (ce nom est un peu douteux), était, du chef de sa femme, seigneur de la maison forte de Veuil et en cette qualité relevait du seigneur de Villentroys.

A la même époque, Perrin du Mesnil, écuyer, possédait une partie de la terre de Veuil et la moitié du péage dudit lieu, justice, voirie, etc.; ainsi, dès 1348 Veuil était divisé.

En 1453, on trouve Jean du Mesnil, seigneur de Veuil et du Mesnil, qui vendit cette terre à Louis de Mas-Raffin, seigneur de Notz, en 1476.

En l'an 1500, Jacques Hurault, comte du Marais, achète la terre de Veuil de Louis de Mas-Raffin ou Marafin. Cette famille la possède pendant plus d'un siècle, puis en 1591, le mariage d'Elisabeth Hurault, avec Pierre de Voyer, seigneur d'Argenson, amène la division de la terre et seigneurie de Veuil quoique avec une seule et même résidence.

Après l'année 1702, mais à une date inconnue, M. de Voyer, comte d'Argenson, devient seul propriétaire de Veuil.

M. de Voyer d'Argenson, comte de Veuil, vend le comté et toutes ses appartenances et dépendances, à messire Jean Paris de Montmartel, marquis de Brunoy; cette terre fut possédée ensuite par M. Micault de Courbeton, comme héritier de M. Montmartel, et M. de Courbeton la vend en 1787 à M. Legendre de Luçay, propriétaire et seigneur de Valençay.

On ne trouve dans les archives de la commune aucune traces du séjour à Veuil de MM. de Montmartel et de Courbeton, et les habitants n'en ont conservé aucun souvenir, d'où on peut conclure qu'ils n'ont point résidé à Veuil, tandis que le souvenir de M. Voyer d'Argenson existait encore chez quelques vieillards au commencement de ce siècle.

La terre de Veuil fut vendue en 1805 par M. de Luçay, fils de M. Legendre de Villemorien et par le même acte que la terre de Valençay à messire Charles-Maurice de Talleyrand-Périgord, prince de Talleyrand.

Elle appartient maintenant à M. Napoléon-Louis de Talleyrand-Périgord, duc de Valençay, petit-neveu et héritier du prince de Talleyrand.

CHAPELLE DE SAINT-FIACRE

(Pèlerinage, Foire champêtre)

A l'extrémité de la commune, du côté du nord-ouest, on voit une antique chapelle, sous l'invocation de saint Fiacre, qui le jour de la fête, 30 août, était le but d'un pèlerinage très fréquenté.

Selon la tradition religieuse, saint Fiacre descendant des rois d'Irlande, ayant abandonné les grandeurs, s'était fait solitaire en France au VIIe siècle, dans les environs de Melun. Comme il joignait aux exercices de la dévotion et de la charité le rude travail de la terre, il fut, dès les temps les plus anciens, adopté pour patron par les jardiniers et les cultivateurs, et, dans un pays tout agricole, il devait avoir de nombreux sanctuaires. Dans cette contrée, Veuil et Rouvres-les-Bois avaient leur chapelle de Saint-Fiacre, et tous les ans, le 30 août, un grand concours de pèlerins y venait invoquer la protection du saint.

Dans les anciens pèlerinages, il était souvent d'usage d'amener avec soi du bétail, soit comme moyen de transport, soit pour appeler sur les animaux la bénédiction du saint. Ce concours qui donnait occasion à des échanges et à des ventes fut sans doute l'origine des deux foires qui se tiennent à Rouvres et à Veuil.

La foire champêtre de Saint-Fiacre est en même temps une joyeuse fête; elle est remarquable par la situation agreste du lieu où elle se tient, par le concours considérable de marchands et de curieux qui s'y rassemblent et les affaires commerciales qui s'y traitent.

La chapelle que nous décrivons est fort ancienne; elle a la forme d'un carré long de sept mètres sur cinq, elle est éclairée par quatre fenêtres, deux au pignon qui sert d'abside et deux latérales; il n'existe point de voûte, la charpente cintrée est close par des planches bien jointes et ornées de peintures. Sa construction paraît dater du Xme ou XIme siècle, ainsi que l'indiquent les chapiteaux de style roman qui surmontent les deux pilastres de la petite nef et les sculptures qui ornent les archivoltes en plein-cintre des fenêtres de l'abside. Les murs étaient ornés de peintures en détrempe où le rouge dominait; le dessin général se composait de lignes croisées en lozanges au milieu desquels était un trèfle de même couleur; on voyait dans les embrasures des fenêtres des personnages religieux d'une exécution assez régulière; mais cette antique chapelle tombe en ruines et bientôt il ne restera plus rien de ce qui fut l'objet de la dévotion de nos pères; ces lignes au moins en rappelleront le souvenir.

Une illustre polonaise réfugiée en France, Mme la princesse Tyeskeviez, sœur du prince Joseph Poniatowski, célèbre par ses malheurs et son dévouement à la France, venait souvent passer l'automne chez M. de Talleyrand;

elle avait eu, dit-on, la pensée, assez étrange en notre siècle, de rétablir le pèlerinage de Saint-Fiacre en dotant le sanctuaire d'un chapelain. A cet effet, elle avait fait construire sur le bord du ruisseau qui coule non loin de la vieille chapelle, un logis, petit mais élégant, qu'elle appelait l'ermitage ; elle voulait aussi restaurer la chapelle, mais par des motifs qui sont restés inconnus, ces projets n'eurent point de suite. L'ermitage même ne fut pas achevé, il resta debout tant que vécut la fondatrice, mais après sa mort, arrivée en 1831, et celle de M. de Talleyrand, cette construction qui déjà menaçait ruine fut démolie et il n'en reste plus de vestiges.

TERRITOIRE DE VEUIL

Châteaux, fiefs, fermes et hameaux.

On voyait à Veuil, longtemps avant notre époque, plusieurs fiefs et maisons seigneuriales dont quelques-unes existent encore.

La plus importante après le château de Veuil, est le château de la Tour du Breuil, situé à l'extrémité de la commune, du côté de Valençay, dans une riante vallée, au milieu de vastes prairies qu'arrose la rivière de Nahon et dominée des deux côtés par des coteaux couverts de bois, de vignobles et de champs fertiles. Ce manoir dont l'origine est fort ancienne, dépendait de la justice de Valençay et devait foi et hommage aux seigneurs de Valençay.

Le premier propriétaire connu est Guillaume de Flory ou Fleury, qui vivait en 1342.

En l'an 1488, cette terre entra par alliance dans la famille d'Orléans de *Rerre* (en Orléanais), qui la posséda jusqu'en 1633. Cette famille était alors puissante en notre pays, et possédait outre le château et terre de la Tour du Breuil, la terre de Vicq et du Plessis la Moustière, les fiefs du Cormier, de la Billardière, du Puy-Moreau, du Verger et de vastes dépendances en terres, bois et prairies.

La terre de la Tour du Breuil passa entre les mains de plusieurs propriétaires depuis les années 1633 à 1688, époque où messire Ollivier Seguin, conseiller au présidial de Tours, en devint possesseur.

La construction du château avait peut-être subi plusieurs transformations, mais c'est de 1642 à 1645 qu'il fut rebâti tel qu'on le voit aujourd'hui. Son architecture est simple et sévère mais de bon goût; il se compose d'une grosse tour carrée au midi, d'un corps de logis principal et d'un pavillon au nord; une chapelle élégante détachée de l'habitation se voit au nord-est; le tout est entouré de fossés remplis d'eau vive et alimentés par la rivière, et sur lesquels un pont en pierre donne entrée dans la cour d'honneur.

La famille Seguin conserva la terre de la Tour du Breuil jusqu'en 1721, époque où messire Jean-Claude Hilarion-Huet, seigneur de la Houdonnière, dans le Perche, s'en rendit acquéreur et la transmit à sa postérité qui la possède aujourd'hui et en a pris le nom.

A l'est du bourg de Veuil, et à moins d'un kilomètre de distance, on aperçoit un pavillon de construction assez élégante et dont la haute toiture domine les bâtiments de service qui l'entourent : c'est le *Petit-Breuil*. Ce manoir bâti dans le XVIIme siècle, non loin des belles prairies arrrosées par le ruisseau de Veuil, est dans une situation agréable et représente assez bien ce qu'on appelle un *cottage* en Angleterre.

Il était habité, en 1658, par M. Pierre Cormasson, sieur du Petit-Breuil; en 1748 nous trouvons M. Lebreton, sieur de la Camelinière; enfin au commencement de ce siècle il était habité par une branche de la famille d'Auvergne qui possédait de nombreuses propriétés dans cette partie du Berry.

Le reste du territoire de la commune est partagé entre plusieurs fermes et un assez grand nombre de hameaux ou villages; les habitants sont, en général, propriétaires de leurs maisons et des terres qui les environnent.

Nos villageois paisibles et laborieux aiment le pays qui les a vu naître et tiennent au sol dont ils ont hérité de leurs pères, et toute leur ambition est de l'accroître et de le transmettre à leurs enfants. Aussi, depuis un demi-siècle, l'aisance a beaucoup augmenté parce que la culture est mieux entendue et plus soignée, les engrais mieux utilisés. Le commerce de tous les produits agricoles, facilité par les nouvelles voies de communication, a pris une grande extension, et les améliorations, qui ne sont pas encore arrivées à leur dernier terme, promettent au pays un avenir plus prospère encore et une richesse qui pourra égaler celle des contrées plus favorisées.